16 Janvier 1884.

Vente du Mercredi 16 Janvier 1884 ;

A deux heures,

HOTEL DROUOT, SALLE Nº 8.

OBJETS D'ART

ET

D'AMEUBLEMENT

OBJETS DE VITRINE, BIJOUX

PORCELAINES, FAIENCES

BRONZES

OBJETS DIVERS, ÉTOFFES ANCIENNES

EXPOSITION PUBLIQUE

LE MARDI 15 JANVIER 1884

De une heure à cinq heures.

<table>
<tr><td>COMMISSAIRE-PRISEUR
Mᵉ PAUL CHEVALLIER
10, rue de la Grange-Batelière.</td><td>EXPERT
M. CHARLES MANNHEIM
7, rue Saint-Georges.</td></tr>
</table>

IMPRIMÉ PAR PILLET ET DUMOULIN

RUE DES GRANDS-AUGUSTINS, 5, A PARIS.

Vente du Mercredi 16 Janvier 1884

A deux heures.

HOTEL DROUOT, SALLE N° 8.

OBJETS D'ART

ET

D'AMEUBLEMENT

OBJETS DE VITRINE, BIJOUX
PORCELAINES, FAIENCES
BRONZES
OBJETS DIVERS, ÉTOFFES ANCIENNES

EXPOSITION PUBLIQUE

LE MARDI 15 JANVIER 1884

De une heure à cinq heures.

COMMISSAIRE-PRISEUR

M⁰ PAUL CHEVALLIER

10, rue de la Grange-Batelière.

EXPERT

M. CHARLES MANNHEIM

7, rue Saint-Georges.

CONDITIONS DE LA VENTE

La vente sera faite au comptant.

Les acquéreurs payeront cinq pour cent en sus des enchères applicables aux frais.

L'exposition mettant le public à même de se rendre compte de l'état des objets, il ne sera admis aucune réclamation une fois l'adjudication prononcée.

Paris. — Typ. PILLET et DUMOULIN, 5, rue des Grands-Augustins

DÉSIGNATION DES OBJETS

—

OBJETS DE VITRINE
BIJOUX ET ARGENTERIE

1 — Montre chronomètre de Bréguet, en or.

2 — Pendantif Louis XIII en or et strass.

3 — Bague marquise Louis XVI en cuivre doré.

4 — Crucifix en argent sur croix en bois noir.

5 — Figurine de vierge et enfant en ivoire.

6 — Miniature ovale sur ivoire : portrait de femme, signée Passot, cadre de velours rouge.

7 — Montre en or.

8 — Éventail en vernis de Martin à médaillons de figures.

9 — Éventail Louis XV à monture d'ivoire ajourée, feuille peinte à !la gouache. Le marché aux poissons.

10 — Éventail Louis XV à monture de nacre, à ornements et figures d'enfants en or, feuille peinte à la gouache : Sujet mythologique.

11 — Étui cylindrique en fer damasquiné d'or.

12 — Casse-noisettes en fer.

13 — Boîte ovale en émail à sujets en grisaille.

14 — Deux pièces en ivoire, pulvérin lenticulaire et netzké japonais.

15 — Cassolette forme vase en argent garni de pierres fausses.

16 — Petite miniature ovale sur ivoire, portrait de femme.

17 — Médaillon ovale en émail, femme près d'une fontaine.

18 — Un jeu de cartes ancien.

19 — Collier et deux pendants d'oreilles en filigrane d'argent doré, rosaces d'émail et pierreries.

20 — Cachet breloque avec topaze et une intaille.

21 — Ciseaux Louis XVI en fer damasquiné d'argent.

22 — Médaillon en nacre sculpté à double face.

23 — Deux cachets dont un à manche d'ivoire et l'autre en argent émaillé.

24 — Bracelet en grenats monté or.

25 — Plaque en argent repoussé, Jésus présenté au peuple.

PORCELAINES ET FAIENCES

26 — Deux plats en ancienne porcelaine de Chine de la famille verte, chien de Fô et oiseau au centre dans un bandeau circulaire en rouge de cuivre.

27 — Deux vases en porcelaine de la Chine flambée violet.

28 — Cinq paires de vases de même porcelaine.

29 — Vase rouleau en vieux chine décoré en émaux de la famille verte, de paysages avec rochers.

30 — Vase rouleau en vieux chine, décor en émaux de la famille verte, représentant une réception impériale.

31 — Vase cornet en vieux chine à arbustes et personnages.

32 — Bouteille à panse sphérique, émaillée bleu empois, avec pêcher en relief.

33 — Petit vase rouleau en vieux chine, bleu fouetté
et or.

34 — Théière et son support en porcelaine de Saxe
moderne.

35 — Deux très grandes potiches en porcelaine émaillée
fond jaune à fleurs et oiseaux genre chinois.

36 — Deux vases en porcelaine turquoise à médaillons
et fleurs, avec montures en bronze

37 — Deux potiches imitation de porcelaine du Japon.

38 — Une coupe montée de même porcelaine.

39-40 — Deux paires de petites potiches, un cabaret
et deux assiettes en imitation de porcelaine de
Chine et du Japon.

41 — Quarante-huit assiettes en porcelaine genre
Chine.

42 — Coupe en porcelaine genre Sèvres, montée
bronze.

43 — Deux jardinières en faïence décorée, genre
Rouen.

44 — Deux vasques en terre émaillée de Chine.

45 — Hanap et cuvette en faïence allemande marbrée
vert.

46 — Trois plateaux ronds en faïence moderne décorée.

BRONZES

47 — Grand groupe en bronze d'après A. J. Leduc.
Cavalier et amazone.

48 — Deux statuettes en bronze à patine brune, d'a-
près Clodion : Flore et Pomone.

49 — Encrier en bronze italien, forme triangulaire à
trois godets et figure de satyre tenant un flambeau.

5o — Trois médaillons bronze dont un Buste de
Napoléon Ier.

5i — Deux chenets Louis XVI en bronze doré.

5a — Deux petits bustes en bronze doré : Henri IV et
Sully sur socles en marbre blanc, époque Louis XVI.

53 — Deux petits flambeaux Louis XVI à figurines de
femme en bronze doré sur socles en marbre blanc.

54 — Bras Louis XIV en cuivre.

55 — Oiseaux en bronze du xve siècle.

56 — Panneaux contenant douze médaillons en bronze,
bustes des empereurs romains.

57 — Pendule mystérieuse en bronze doré.

58 — Pendule et deux girandoles en onyx et bronze.

59 — Vase Médicis en albâtre sculpté à figures et godrons.

60 — Vase étrusque à figures en rouge sur fond noir.

61 — Tableau dans le genre de Valin, nymphe et amour.

62 — Boîte à gants en ivoire plaqué d'écaille.

63 — Sous ce numéro, trente vitraux modernes pour garnitures de fenètres.

64 — Sous ce numéro, deux tableaux : saints en prière et six gravures coloriées.

65 — Grand plat en cuivre à portrait et rinceaux.

66 — Deux poignées de pelle et pincette Louis XVI en bronze doré.

67 — Bougeoir en cuivre.

68 — Deux fourrures.

69 — Quatre jolis panneaux du temps de Louis XIII peints à ornements, composés de syrènes, de rinceaux et de mascarons.

70 — Marteau d'armes dont le manche est incrusté d'ivoire et de nacre, xvie siècle.

71 — Collier de l'ordre de Saint-Georges en vermeil ciselé et émaillé, dans une gaine, époque Louis XVI.

72 — Cabaret composé de six tasses avec soucoupe et d'une boîte à thé en porcelaine de Venise.

73 — Figure de Cérès, terre cuite attribuée à Marin.

74 — Deux statuettes bronze, Vénus et Adonis.

MEUBLES ET BOIS SCULPTÉS

75 — Petit secrétaire Louis XV en bois sculpté, avec dessus de marbre.

76 — Petite table de nuit Louis XVI avec porte à coulisse et tiroir, galerie de cuivre.

77 — Cinq chaises Louis XIV en tapisserie au point à ornements, pieds à croisillon en bois sculpté.

78 — Quatre autres chaises Louis XIII garnies de velours d'Utrecht à lambrequins.

79 — Surtout en bronze doré et découpé à jour. Époque du Directoire.

80 — Jolie harpe Louis XVI en bois sculpté doré en partie, elle porte la marque de *Naderman*, à Paris.

81 — Autre harpe Louis XVI en bois sculpté et peint à fleurs.

82 — Jardinière en chêne sculpté à guirlande.

83 — Petite table genre Louis XIII garnie de peluche.

84 — Horloge hollandaise en bois de noyer avec gaîne ornée de moulures et de bronzes.

85 — Meuble de style Louis XIII en bois sculpté, orné de colonnes torses, de niches avec statuetes et de mascarons.

86 — Table de même style que le meuble qui précède.

87 — Table en chêne sculpté et une chaise, glace avec cadre en chêne sculpté.

87 *bis* — Guéridon en porcelaine bleu turquoise à médaillons, avec monture en bois de rose.

88 — Guéridon en mosaïque de Rome avec pied en bronze doré.

89 — Glace dans une bordure dorée.

90 — Grand meuble bibliothèque en bois noir, incrusté d'ornements avec portes vitrées, ornées de peintures.

91 — Meuble scriban en noyer sculpté et à moulures du xviie siècle, les angles coupés sont garnis de tiroirs à secret.

92 — Meuble-cabinet à deux corps en bois de noyer, incrusté de filets, le bas à portes pleines, le haut garnis de tiroirs ainsi que l'intérieur xviie siècle.

93 — Quatre portes Louis XIV en bois sculpté et fragments de boiserie.

94 — Cheminée Louis XV en marbre fleuri sculpté.

95 — Buste de la reine Victoria, grandeur, nature en marbre blanc.

96 — Glace avec bordure Louis XIV en bois sculpté et doré.

97 — Trumeau Louis XVI en bois sculpté à vase et branches de feuillages.

98 — Console empire en bois sculpté, peint en blanc et doré.

99 — Écran en acajou avec feuille de soie de Chine brodée d'or.

100 — Deux bras porte-lumières en fer forgé.

101 — Une suspension en composition.

102 — Deux bustes en plâtre.

104 — Commode Louis XVI.

105 — Deux escabeaux en chêne.

ÉTOFFES ANCIENNES

106 — Portière en ancienne brocatelle verte.

107 — Très grand couvre-lit en lampas rouge Louis XIV bordé d'un effilé.

108 — Autre couvre-lit Louis XIV en damas de soie rouge, entouré d'un effilé.

109 — Deux coupes soie jaune brochée à fleurs et lamée argent.

110 — Panneau d'environ 32 mètres d'étoffe de soie ancienne, brochée sur fond olive.

111 — Deux embrasses en application du xvie siècle.

112 — Deux autres, gothiques.

113 — Lot de brocatelle verte, époque Louis XIV.

114 — Coupe de soie jaune brochée argent.

115 — Deux chasubles en ancien velours de Gênes à ornements verts sur fond jaune.

116 — Lot d'ancien velours ponceau.

117 — Six gilets Louis XV et Louis XVI en soie brodée.
— Etendard suisse en soie avec écusson appliqué.

118 — Lot de brocatelle ancienne à ornements en rouge sur fond or.

119 — Devant d'autel en satin blanc appliqué d'orne-ments de perles.

120 — Sous ce numéro, lot de chasubles et d'étoffes anciennes.